SERIE

TRANSFORMACIÓN DIGITAL

BASADA EN LA IMPLEMENTACIÓN DE
TECNOLOGÍAS BIG DATA & MODELOS DE MACHINE LEARNING

(Edición en Español)

BIG DATA ANALYTICS
PROJECT MANAGEMENT

José Luis CUBERO-SOMED

bigdatamy.com

Serie | Transformación Digital
BIG DATA ANALYTICS:
PROJECT MANAGEMENT
Edición en Español

1ª Edición: agosto de 2020
© 20020, José Luis CUBERO-SOMED

Autor: José Luis CUBERO-SOMED
Diseño de portada: Ana María CUBERO-CUTANDA

ASIN: B08FB989VW
ISBN: 9798557548359

PRESENTACIÓN

Guía rápida que muestra la metodología de trabajo para el desarrollo de procesos de Big Data Analytics.

¿Por qué este libro?

He considerado adecuada la publicación de este libro, porque me ha parecido que podría ser de gran utilidad para aquellos lectores, interesados en todo lo concerniente con la Transformación Digital, que deseen conocer, desde mi experiencia, cómo se ha de planificar y organizar el proceso de Big Data Analytics que permite transformar datos, mediante la modelización, en información analítica para la Toma de Decisiones.

¿A quién le puede ser útil?[1]

De modo preferente, este libro puede ser muy útil para Data Scientists & Project Managers que necesiten planificar, organizar, dirigir y controlar procesos que conlleven la implementación de modelos de Machine Learning & tecnologías Big Data, empezando desde cero.

---

[1] No obstante, también puede ser útil para aquellos Estudiantes, de materias relacionadas con el entorno Big Data, que les interese conocer de un modo sencillo, pero no por ello menos riguroso, cómo se planifica y organiza el proceso de implementación de modelos de Machine Learning & tecnologías Big Data.

Y, en última instancia, pudiera también ser adecuado para Programadores o Desarrolladores que estén interesados en conocer cómo se planifican estos proceso, de cara a proyectos futuros.

¿Qué te puede aportar su lectura?

Como profesional interesado en la Industria 4.0 y su Transformación Digital, la lectura de este libro te aportará una visión rápida, clara y concisa de cómo se han de planificar y gestionar los procesos de modelización en Machine Learning, basados en tecnologías Big Data, para afrontar con solvencia desarrollos de Analítica de Datos.

El problema real no es si las máquinas piensan, sino si lo hacen los hombres.

B. F. Skinner

CONTENIDO

Hacia la transformación digital

Anexos

INTRODUCCIÓN DEL AUTOR

Uno de los mitos que existen sobre la Transformación Digital es pensar que es compleja de llevar a cabo, costosa, desde el punto de vista de la inversión, y que requiere de personas altamente cualificados para implementarla. Pero el paso del tiempo me ha demostrado que no suele ser así ya que, si estos procesos se ponen en manos de personas con una profunda visión conceptual del negocio y éstas reúnen cualidades, tales como:

- **Conocimiento** de las, no más de cinco a seis, técnicas básicas que cubren todo el espectro de modelización, por complejo que éste nos pueda parecer.

- **Capacidad** para seleccionar las herramientas y tecnologías adecuadas que permitan alcanzar cada objetivo de la modelización.

- Y reúne las **habilidades** necesarias para liderar equipos de trabajo multidisciplinares y alejados de la superespecialización;

Dichas personas podrán diseñar e implementar un proceso de Transformación Digital incurriendo en una inversión relativamente baja con respecto al retorno de la inversión que se obtendrá una vez finalizada la Transformación.

Y para concluir con estas reflexiones, también me gustaría destacar el hecho de que; si una Transformación Digital no está basada en la implementación de una modelización en Machine Learning, en mi opinión, ésta no sería tal, puesto que, sin la modelización, la Toma de Decisiones carece de la anticipación, prevención y proactividad que aportan los modelos al proceso. Dicho de otro modo, sin la modelización en Machine Learning estaríamos ante una Toma de Decisiones con un carácter correctivo, sobre eventos ya pasados, con la consiguiente pérdida de anticipación que los modelos nos aportan.

No obstante, lo anterior, me ha parecido oportuno poner a disposición de los interesados los conocimientos que he adquirido en esta materia, publicando esta serie de cuatro libros sobre la Transformación Digital. Siendo éste el primero de ellos, en el que desarrollo todo lo concerniente a un proceso de **Big Data Analytics**, puesto que es la base unitaria sobre la que se cimenta una Transformación Digital basada en la implementación de modelos Machine Learning.

Espero que este trabajo, en el que he puesto ilusión, esfuerzo y empeño, sea de tu utilidad y te ayude a comprender cómo se lleva a cabo un proceso de Big Data Analytics, dentro de un proceso de Transformación Digital más amplio.

José Luis CUBERO-SOMED

PREÁMBULO

BIG DATA ANALYTICS

Dentro del **paradigma**[2] de la Transformación Digital, uno de sus aspectos más significativos es todo lo concerniente a la analítica de los datos. Esta analítica engloba una metodología de trabajo que se desarrolla por medio de un proceso denominado Big Data Analytics.

Dicho proceso sigue una secuencia de fases que permiten poner a disposición de los responsables de la Toma de Decisiones, datos analíticos y, por tanto, datos que implícitamente contienen información de alto valor añadido.

Por otra parte, el hecho de que un proceso de Big Data Analytics tenga como base fundamental la implementación de modelos de Machine Learning, implica que la información recibida por los ejecutivos o técnicos que han de tomar las decisiones, no sólo tiene un alto valor añadido, como se ha indicado anteriormente, sino que esta información permite tomar las decisiones **a priori**, antes de que se produzcan los acontecimientos. Dotándola de un carácter preventivo en algunos casos y proactivo en otros, según el contexto en el que se desenvuelva la actividad sujeta a modelización.

En tal caso, **este primer libro de la serie está enfocado a conocer cuales son las fases que conforman un proceso de Big Data Analytics**, la secuencia y relación existente entre

---

[2] Modelo de trabajo o patrón compartido por una comunidad, en la que se comparten conceptos básicos, procedimientos, etc. para alcanzar un fin concreto.

ellas y los objetivos parciales que persiguen. Y dentro de cada fase, se exponen los procedimientos o tareas que se han de desarrollar, las tecnologías y herramientas en las que se sustentan y el enfoque u objetivo principal que persiguen.

En síntesis, a lo largo de todo el libro, se realiza un análisis integral del proceso, los paradigmas en los que se sustenta y el encaje que dicho proceso de Big Data Analytics tiene en la Transformación Digital de una empresa u organización en su conjunto.

FASES DEL PROCESO

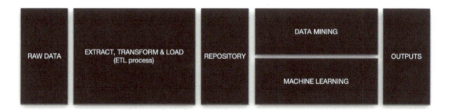

FASES DEL PROCESO DE BIG DATA ANALYTICS. Fase I: Raw Data (Inputs). Fase II: Extracción, Transformación y Carga (ETL). Fase III: Almacenamiento intermedio (Tabla-Minable). Fase IV: Data Mining. Fase V: Machine Learning. Fase VI: Datos Analizados (Outputs).

En la figura se representan las fases de un proceso de Big Data Analytics. Su secuencia es de izquierda a derecha, con la excepción de las fases de Data Mining y Machine Learning, que es de arriba abajo, respectivamente. Esta representación, a modo de flujo de trabajo, muestra el proceso que se ha de realizar desde que se obtienen los datos en bruto (inputs) hasta que, una vez aplicada la ciencia a los mismos, se transforman en datos analíticos (outputs) que alimentan los cuadros de mando correspondientes.

Ese flujo de trabajo está estrechamente relacionado con los principales paradigmas que conforman los procesos de Transformación Digital. Por lo que, además de exponer en detalle cómo se lleva a cabo el flujo en su totalidad, trataremos, como no puede ser de otro modo, sobre los paradigmas que están involucrados en el desarrollo del proceso de Big Data Analytics:

- Extract Transform & Load —ETL—.

- Analytics (Data Science);

  - Data Mining.

  - Machine Learning.

- Business Intelligence.

- Big Data.

- Industria 4.0.

De este modo, se conseguirá comprender el sentido conceptual de cada uno de ellos, los objetivos que se persiguen, al integrarlos en el proceso de Big Data Analytics, y las implicaciones prácticas que tienen en el desarrollo de las fases del mismo, como consecuencia de basarnos en dichos paradigmas para llevarlas a cabo. Mientras que, desde un punto de vista de la aplicación práctica, se tratarán, en sendas fases, todos aquellos aspectos técnicos y conceptuales que permitan al lector comprender cómo se lleva a cabo técnicamente cada una de ellas y cómo se ha de diseñar todo el proceso de Big Data Analytics, pensado desde el punto de vista de la planificación, organización, dirección y control del mismo.

DESARROLLO

ETL PROCESS

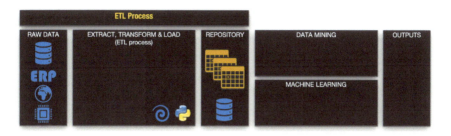

ETL PROCESS. Fase I: Raw Data (Inputs). Fase II: Extracción, Transformación y Carga (ETL) | Herramientas de transformación recomendadas → Python & Pentaho Data Integration. Fase III: Almacenamiento intermedio | Tabla Minable → Tabla de datos con estructura de filas y columnas.

Al proceso de Extracción, Transformación y Carga, que permite pasar de los datos en bruto a datos, susceptibles de ser aplicada ciencia a los mismos, se le denomina proceso de ETL.

RAW DATA (INPUTS) → EXTRACCIÓN

Estas fuentes de datos en bruto, que todavía no han sido procesadas y cuyos repositorios en los que se encuentran tienen la consideración de fuente de datos, requieren de la implementación de mecanismos de extracción determinados para ser incorporados, una vez adecuadamente transformados, a un proceso de Big Data Analytics.

Esta extracción de datos requiere del conocimiento de las fuentes originarias de los mismos. Dichas fuentes son los inputs que alimentarán los modelos en un proceso de Big Data Analytics y que, desde el punto de vista de la forma en que estos datos están disponibles, se pueden agrupar en Bases de Datos, sistemas de Planificación de Recursos Empresariales (ERPs), Internet e Internet de la Cosas (IoT), principalmente.

Bases de Datos

Son una de las fuentes de datos más habituales, y se caracterizan por almacenar la información; tanto de forma relacional, sistema SQL, como no-relacional, sistema NoSQL.

Las bases de datos SQL, almacenan los datos de forma estructurada, con formato de filas y columnas a modo de tabla y, como suele ser lo habitual, en el caso de tener varias tablas almacenadas, éstas se relacionan entre sí por medio de campos clave.

Por otra parte, las bases de datos NoSQL almacenan los datos de forma no estructurada, siendo sistemas altamente especializados, cuya idoneidad dependerá del problema a resolver.

Pudiéndose agrupar éstas en cuatro grandes categorías:

- **Bases de datos de Documentos**: la forma de almacenamiento tiene formato de documento con estructuras simples tipo JSON, BSON o XML, utilizándose una clave única para cada registro y realizándose las búsquedas por medio del binomio {clave; valor}[3].

---

[3] Por ejemplo: {clave; valor} = {edad; 27}.

- **Clave-Valor**: es el sistema NoSQL más habitual por su sencillez y funcionalidad. Cada elemento almacenado tiene una clave única, lo que también permite realizar búsquedas mediante el binomio {clave; valor} y, por tanto, la información se recupera de forma muy rápida. Siendo muy eficiente tanto en la lectura como en la escritura.

- **Bases de Datos de Grafos**: son sistemas de almacenamiento cuyas relaciones entre los datos almacenados se pueden representar mediante un grafo. En los nodos del grafo se almacenan las entidades y sus características y en las conexiones entre los nodos, denominadas aristas, queda almacenada la información compartida entre cada par de nodos conectados.

- **Columna ancha**: estas bases de datos están conformadas por grupos de columnas, que son a su vez los contenedores de las filas, lo que permite que cada fila no tiene porque tener el mismo número de columnas, siendo muy útil para la gestión de grandes volúmenes de datos.

ERPs

En este caso se trata de un sistema de planificación de recursos empresariales, en sus siglas en inglés, **Enterprise Resource Planning**, compuesto por varios módulos interconectados que gestionan sendas áreas de una organización y automatiza sus procesos internos.

Desde el punto de vista de los datos, éstos son generados y compartidos por toda la organización en un sistema unificado, que a efectos de un proceso de Big Data Analytics tendría la misma consideración que hemos tratado en el apartado anterior, referente a las bases de datos, ya que un ERP puede almacenar sus datos en sistemas SQL o en NoSQL, independientemente.

Internet

En este caso que nos ocupa, referente a las fuentes de datos, toda la red ha de ser considerada como tal. Únicamente deberemos tener en cuenta cuando se acceda a la información, si ésta se presenta de modo estructurado o no-estructurado, con el objeto de diseñar el acceso a la fuente de datos de que se trate, orientado ya desde el inicio hacia el proceso de transformación posterior, el cual trataremos más adelante.

Internet de las Cosas (IoT)

La sensorización, de la mayoría de los ámbitos en los que se desarrolla la actividad humana, está convirtiendo a dicha actividad en una de las principales fuentes de datos que alimentan los procesos de Big Data Analytics.

Este concepto, denominado IoT, está referido a la interconexión digital de objetos. Se trata de un paradigma que se hace extensible tanto a la cotidianidad como al ámbito institucional, productivo y de servicios, lo que permite integrar fuentes de datos propias de la actividad que los genera con datos del entorno en el que ésta se desarrolla. Convirtiéndose en una fuente de datos cuasi ilimitada que, integrada en un sistema unificado, como pueda ser un ERP, arroja infinidad de posibilidades desde el punto de vista analítico.

"Una vez conocida cuál es la estructura de los datos de las fuentes de las que se dispone, se diseñará un proceso de ETL que permita obtener datos estructurados susceptibles de aplicarse ciencia a los mismos".

TRANSFORMACIÓN

Todos los procedimientos a implementar para transformar datos dependerán de la forma en que éstos estén estructurados. Lo habitual es disponer de fuentes de información almacenada en bases de datos y transformarla mediante lenguajes SQL o NoSQL, según sea el caso, al objeto de conseguir **Tablas Minables** para su posterior análisis y modelización. Pero con la generalización del uso de las tecnologías Big Data y las librerías[4] de Machine Learning, que también incluyen librerías de transformación específicas, es posible transformar información no estructurada procedentes de imágenes, vídeos, texto, frecuencias, secuenciación o grafos, entre otros.

A continuación presentaremos las características de la transformación de los formatos de información más habituales, lo cual nos dará una idea del potencial que tienen este tipo de

---

[4] Conjunto de **módulos funcionales**, codificados en un lenguaje de programación, en este caso **Python**, que permiten realizar los cálculos necesarios par el pre-procesado de datos y posterior modelización de los mismos.

transformaciones para conseguir modelos de una gran utilidad.

Imagen

Cuando nos enfrentamos al contenido en imágenes, éstas suelen tener un formato pixelado con el modelo cromático RGB[5], lo que implica que tiene una malla de cuadraditos o píxeles cuyo número es igual a la multiplicación de su anchura por su altura, obviamente medidas en píxeles también. Evidentemente, dependiendo del mayor o menor número de píxeles que ocupen la superficie encerrada en su perímetro, nos indicará su resolución.

Dicho esto, desde el punto de vista de la estructuración de los datos para su análisis, se suele calcular la distancia elucídela de los tres valores del color RGB que presente cada uno de los píxeles que tiene la fotografía. De este modo, se obtiene una matriz de datos con las mismas dimensiones, nxm, que el número de píxeles que hay en su anchura y altura, respectivamente. Por tanto, la matriz obtenida es una matriz numérica que recoge los patrones de la fotografía y es susceptible de ser tratada matemática o estadísticamente.

---

[5] El **modelo RGB** se basa en lo que se conoce como síntesis aditiva de color. Empleando la luminosidad del rojo, el verde y el azul, en diferentes proporciones, se produce el resto de los colores.

Otra forma de tratar las imágenes es mediante **tensores**[6]. Cuando hablamos de obtener una matriz de datos de dimensión nxm, en realidad estamos conformando un tensor de dos dimensiones, pero también podemos transformar los píxeles de la imagen en tensores tridimensionales, en este caso utilizaremos la imagen con colores RGB, donde cada parte de la imagen se especifica con coordenadas (x, y, z), correspondiendo estas coordenadas al ancho y alto de la imagen y la profundidad de color, respectivamente, obteniéndose un tensor de dimensión nxmx3, en el que los valores de la dimensión $z=3$ se corresponde con los tres colores principales en los que se descompone cada píxel en el sistema de color RGB.

Ambos métodos de transformación son válidos, y dependerá del resultado de la precisión en la modelización el que se utilice uno u otro.

Vídeo

Cuando se está reproduciendo un vídeo, lo que se aprecia en realidad es una secuencia de fotogramas que pasan a gran velocidad dando la sensación de movimiento. Pero finalmente, lo que se está viendo son imágenes fijas mostrándose de forma consecutiva, que al pasar tan rápido producen un efecto de percepción de movimiento constante. Esta veloci-

---

[6] Los elementos de un **tensor** pueden ordenarse en filas y columnas, al igual que los que forman parte de una **matriz**, por lo tanto, es posible aplicarles las mismas reglas que a los cálculos matriciales.

dad a la que pasan las imágenes está determinada por el número **FPS**[7].

En tal caso, si procesamos dichas imágenes o fotogramas, una a una, podemos aplicar la metodología de transformación propuesta en el apartado anterior para las imágenes. De este modo, se obtendrá una matriz de datos numéricos para sendos fotogramas qué, adecuadamente concatenadas, permitirá construir una matriz de datos que represente los patrones correspondientes al vídeo analizado. Evidentemente, como la velocidad de procesamiento suele estar entre veinticuatro y sesenta fotogramas por segundo, las dimensiones de las matrices de datos resultantes suelen ser relativamente grandes, lo que implica que se deberá disponer de mayor capacidad de cómputo, en relación al caso de la transformación de una única fotografía, tal y como se ha expuesto en apartado anterior.

Texto

Para la transformación de texto en una matriz de datos numéricos, se ha de proceder en primer lugar a su **tokenización**, o lo que es lo mismo a dividir el texto en las unidades que lo conforman. Entendiendo por unidad, el elemento más sencillo con significado propio para el análisis en cuestión, generalmente, las palabras. No obstante, como es lógico, se hace necesario eliminar aquellas que no tienen un valor semántico y que consecuentemente no aporta significado,

---

[7] **FPS**: fotogramas por segundo.

como pueden ser los artículos, las preposiciones, símbolos, números, etc.

Una vez tenemos tokenizado un texto, se procede a contar el número de veces que ha aparecido dicho token (palabra) en cada uno de los registros (documentos, tweets, párrafos, …). Con este procedimiento se obtiene una matriz, en la que las filas están formadas por sendos registros a analizar (por ejemplo, si estos son tweets, una fila para cada tweet) y que tiene, a su vez, una columna por cada token. Por su parte, el número de veces que ha aparecido cada token en un registro, se puede representar en modo absoluto o en modo relativo, según convenga al procedimiento de análisis de los datos.

Este tipo de matrices numéricas, que se obtienen de la tokenización, suelen tener como característica particular, que el número de columnas es mayor al número de filas, cuestión a tener en cuenta en las fases de modelización.

Frecuencia

La transformación de una frecuencia, como pueda ser un sonido, una vibración, una ola de mar, etc., en una matriz numérica de dimensión nxm, consiste en determinar su serie temporal, representada ésta en la dimensión n, obtener su banda de frecuencias, representándola en la dimensión m, y en registrar en cada par formado por {unidad de tiempo, frecuencia} su amplitud. Siendo denominada esta matriz resultante como **espectrograma**.

Técnicamente, el espectrograma se puede interpretar como una proyección en dos dimensiones (nxm) de una sucesión de **Transformadas de Fourier**[8] de tramas consecutivas, donde la energía y el contenido frecuencial de la señal va variando a lo largo del tiempo. Dicho de otro modo, el espectrograma obtenido es en realidad la matriz numérica nxm que representa los patrones implícitos en un sonido, vibración, etc. que, en lo concerniente a la ciencia de datos, se necesita para la modelización.

Bio

Para poder realizar la modelización de datos biológicos, como puedan ser fundamentalmente de tipo genético, que es el caso en el que nos vamos a centrar en este apartado, partiremos del concepto de sobreexpresión de un gen.

Pue bien, cuando se secuencia el ADN de un individuo, se determina el número de veces en que sendos genes de este individuo se han sobreexpresado, por lo que si se realiza esta operación en varios individuos, se puede obtener una matriz numérica nxm. Considerando a cada individuo como una fila de la dimensión n, a cada uno de los genes a estudio como una columna de la dimensión m y registrando en sendos elementos de la matriz {individuo - gen} su sobreexpresión, bien sea en modo absoluto o relativo, indiferentemente.

Y a partir de este punto, ya tendríamos conformada una matriz numérica para ser utilizada en la modelización.

---

[8] https://es.wikipedia.org/wiki/Transformada_de_Fourier

Redes

Toda red está formada por grafos, que a su vez están conformados por **Nodos** y **Aristas**. En los nodos del grafo se almacenan las entidades y sus características y en las conexiones entre los nodos, denominadas aristas, queda almacenada la información compartida entre cada par de nodos conectados. Por lo tanto, todo nodo origen tiene un nodo destino conectado por una arista. En tal caso, el objetivo de la transformación es generar tablas de datos que recojan la información contenida en los nodos, origen y destino, respectivamente, y en las aristas que los conectan. Conformando el siguiente trinomio para sendas filas de la **matriz {Nodo$_o$, Arista$_{o-d}$, Nodo$_d$}**.

Como podemos ver, atendiendo a los expuesto en el subapartado relativo a las Bases de Datos de Grafo, a partir de esta configuración se pueden elaborar tablas de datos numéricos de dimensión nxm y, con dichas tablas, realizar procesos de modelización tal y como se haría con otra fuente de datos cualquiera.

"Independientemente de la estructura de los datos de partida –bien sean tablas de bases de datos, vídeos, imágenes, texto, frecuencias, estructuras genéticas o de redes–, todos ellos han de transformarse en datos numéricos con estructura matricial, al objeto de convertirse en los inputs de la modelización".

CARGA → REPOSITORIO INTERMEDIO

La información procedente de las fuentes iniciales, que generalmente se presenta de forma desestructurada, una vez ha sido transformada en datos registrados en tablas, éstas pasarán a ser denominadas como **Tablas Minables**. Siendo éstas cargadas en un repositorio intermedio, en algunos casos Data Warehouse e incluso Data Lake, según el modo en el que esté configurada la estructura de la organización.

Tabla Minable

Entenderemos por Tabla Minable, aquella matriz de datos numéricos, de dimensión nxm, es decir con datos estructurados a modo de filas y columnas, y que presentan la propiedad de ser susceptibles de aplicarse la modelización[9] matemática o estadística a los mismos.

No obstante, lo anterior, también se pueden almacenar estos conjuntos de datos transformados como tensores, que atendiendo a su dimensión algebraica: los tensores de dimensión cero, son escalares; los tensores unidimensionales, son vectores; mientras que un tensor bidimensional, es una matriz. Siendo su generalización, tensores de rango n-dimensional.

Para enfocarlo de un modo más intuitivo, veamos algunos ejemplos de cómo es la estructura de los datos de un tensor en función de su dimensión:

0-dimensional: se trata de un escalar (un único valor).

---

[9] Entenderemos por modelización: los procesos de cálculo.

1-dimensional: es un vector de datos; ejemplo [5, 7, 2, 0, 8, 1].

2-dimensional: se trata de una tabla de datos como pueda ser ésta: [[3, 7, 4], [2, 6, 9]]. Éste sería el caso de una matriz de datos de dimensión *2x3*, dos filas por tres columnas.

3-dimensional: equivale a tablas superpuestas formando un cubo de datos.

"El almacenamiento intermedio de los datos transformados, no necesaria-mente debe ser obligatorio. Puesto que las Tablas Minables pueden pasar directamente al modelo para su análisis y procesamiento de forma virtual. Consecuentemente, dependerá de las características del proceso de Big Data Analytics que se dé en cada caso".

ANALYTICS (DATA SCIENCE)

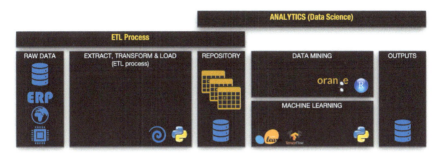

ANALYTICS (DATA SCIENCE). Fase IV: Data Mining | herramientas recomendadas → R-studio & Orange Canvas. Fase V: Machine Learning | lenguaje de programación recomendado → Python | librerías recomendadas → Scikit-Learn & Tensor-Flow.

El concepto de Analytics se basa en dotar, a la información implícita en los datos de partida, de un valor añadido que se genera cuando se aplica ciencia a los mismos. Para ello, se hace necesario realizar un minado previo, denominado **Data Mining**.

Dicho minado, generalmente se efectúa sobre una muestra representativa de los datos, cuyo objetivo es determinar la **factibilidad**[10] del modelo a estudio. Y, posteriormente, una vez se considera el modelo como factible, pasar a la fase de **Machine Learning**, en la que se tiene como objetivo principal

---

[10] Se refiere a la disponibilidad de los recursos necesarios para llevar a cabo los objetivos planteados.

alcanzar la precisión exigida al modelo, para determinar la viabilidad[11] de éste.

DATA MINING

Una vez se tiene acceso a la información a analizar en formato de Tabla Minable, se procede a realizar un minado de datos con el objeto de evaluar si en éstos existen patrones que permitan determinar la factibilidad del modelo a estudio.

Se procederá en primer lugar a dividir el conjunto de datos de partida en tres subconjuntos de datos, a saber:

- **Entrenamiento**: sobre este subconjunto de datos se aplicarán diferentes tipos de librerías, como puedan ser Regresores, Árboles de Decisión o Redes Neuronales, entre otras muchas de las que hay disponibles, buscando el mejor ajuste de sus **hiperparámetros**[12] que maximice la precisión del modelo a estudio.

- **Validación**: una vez parametrizadas las librerías con los datos de entrenamiento, y habiendo sido optimizados sus hiperparámetros para alcanzar la mejor precisión posible, se procesarán sobre dichas librerías este subconjunto de datos de validación y se calculará de nuevo la precisión del modelo.

---

[11] Estudio que dispone el éxito o fracaso de un proyecto a partir de una serie de datos base de naturaleza empírica.

[12] Son los valores de las configuraciones de las librerías utilizadas durante el proceso de entrenamiento de un modelo, siendo éstos ajustados por el Científico de datos.

En el caso de que la precisión alcanzada por el entrenamiento sea muy superior a la alcanzada por la validación, estaríamos ante un **sobreajuste**[13] de los datos de entrenamiento, lo que pone en cuestión la factibilidad del modelo a estudio. Por el contrario, si la precisión del modelo entrenado fuese similar a la precisión del modelo al procesar los datos de validación, podríamos considerar la factibilidad del modelo.

No obstante, nos podemos encontrar que algunas de las librerías utilizadas en el proceso sean factibles y otras no, por lo que lo recomendable es seguir adelante con aquellas que no presenten sobreajuste.

- **Test**: habiendo determinado cuáles de las librerías, incorporadas al proceso de Data Mining, no presentan sobreajuste, se procederá a procesar, sobre estas librerías, este último subconjunto de datos, al objeto de corroborar que se mantienen los niveles de precisión alcanzados en los pasos anteriores, lo que nos confirmaría la **factibilidad** del modelo.

Cuando ya se ha obtenido un resultado satisfactorio, en lo que a factibilidad se refiere, se realizará una propuesta para pasar a la fase de Machine Learning, incluyendo en dicha propuesta aquellas librerías que no hayan presentado sobreajuste.

---

[13] **Overfitting**: cuando el error cometido por el modelo en la fase de validación es significativamente superior al error cometido por éste en la fase entrenamiento.

Herramientas recomendadas

Es evidente que el mercado, en lo relativo a herramientas de Data Mining, está muy maduro y que hay multitud de ellas a disposición de los Científicos de Datos. A pesar de esto, centrándome en mi propia experiencia, me ha parecido adecuado recomendar aquellas con las que he obtenido un mejor rendimiento, que por otra parte son de código abierto, y, por consiguiente, sin coste para el usuario.

En primer lugar, recomiendo **R-studio**[14]**.** Ya que, desde mi punto de vista, te permite realizar modelos cuasi con las mismas prestaciones que lo haría un lenguaje de programación como **Python**[15]. Lo que supone una ventaja, puesto que la estructura con la que se plantea el minado de datos será después muy similar a la programada en la fase de Machine Learning.

Y, en segundo lugar, recomiendo **Orange Canvas**[16]. Esta herramienta de Data Mining se gestiona mediante Workflow Widgets, integrando librerías de Machine Learning con hiperparametrización limitada, pero permitiendo una muy buena aproximación a lo que será la fase siguiente, en la que se determinará la viabilidad del modelo. Por otra parte, también es

---

[14] https://rstudio.com/

[15] https://www.python.org/
Se trata de un lenguaje de programación multiparadigma, ya que soporta orientación a objetos, programación imperativa y, en menor medida, programación funcional.

[16] https://orange.biolab.si/

una excelente herramienta de visualización y, como caso diferenciador respecto a otras herramientas similares, tiene grupos de Widgets, con un enfoque sectorial, para el tratamiento de los casos de modelización más habituales en el campo de la Ciencia de Datos.

"La fase de Data Mining es recomendable centrarla en la realización de una evaluación del sobreajuste, como referente de la factibilidad del modelo a estudio, independientemente de que la precisión de éste no sea suficiente para el objetivo propuesto desde en planteamiento inicial, puesto que es a través de la metodología de Machine Learning cuando se suelen alcanzar la precisiones máximas".

MACHINE LEARNING

Llegados a este punto, una vez se ha determinado qué librerías no han presentado un sobreajuste durante la fase de Data Mining, se procederá a implementar la modelización en Machine Learning. Siendo en este caso el objetivo principal, el determinar, aprovechando las posibilidades que presenta este tipo de tecnologías, si se puede conseguir un modelo que cumpla con las exigencias de precisión planteadas en el proyecto. Es decir, un modelo puede ser factible porque no presenta sobreajuste en la fase de Data Mining, pero puede no ser viable si la precisión máxima que se alcanza en la fase de Machine Learning es inferior al objetivo esperado.

Tomemos como ejemplo; que el objetivo de un modelo de clasificación fuese obtener una **Accuracy**[17] mayor o igual al 90.00%; y que en la fase de Data Mining se ha alcanzado una Accuracy del 67.22%, sin sobreajuste; mientras que en la fase de Machine Learning, la Accuracy alcanzada ha sido del 91.23%. Dados estos resultados, respectivos, podríamos concluir que el modelo a estudio es **viable**. Por lo que sería considerado como apto para su posterior puesta en producción..

Metodología

La metodología o modo de proceder en esta fase no difiere, en lo fundamental, de lo expuesto en la fase de Data Mining, pero sí encontramos diferencias en lo referente a las tecnologías aplicadas y las prestaciones que éstas pueden aportar a la viabilidad del modelo. Tengamos en cuenta que en la fase Data Mining se trabaja generalmente con una muestra, al menos significativa, de los datos de origen, mientras que en la fase de Machine Learning, el volumen de los datos y la complejidad del cómputo ya no van a representar un problema. De ahí que la fase de Data Mining sea necesaria, fundamentalmente para evitar seguir adelante consumiendo recursos, e incurriendo en costes innecesarios, si los modelos no son factibles.

---

[17] Es la precisión del modelo. Ésta se corresponde con la diferencia, {100% − error%}. Por ejemplo: si el modelo, en cualquiera de sus fases – entrenamiento, validación o test–, tiene un error = 5%; la precisión de éste, en la correspondiente fase, será del 95% {100% − 5%}.

Hecha esta aclaración pertinente, pasamos a concretar cuáles son las diferencias fundamentales al realizar la modelización en Machine Learning, con respecto a la fase anterior, y a evaluar, en términos generales, cuál es el valor añadido que el Machine Learning aporta al proceso.

- **Hiperparámetros**: al utilizar para la implementación de las librerías lenguajes de programación, como pueda ser Python, dichas librerías presentan un número mayor de hiperparámetros, con respecto a los que tienen las herramientas de Data Mining para el mismo tipo de librería, haciendo que su combinatoria crezca de modo exponencial, aumentando así la probabilidad de que el modelo mejore su precisión, sin presentar sobreajuste, con respecto a la precisión alcanzada en la fase de Data Mining.

   Esto, evidentemente, tiene como contrapartida el crecimiento exponencial de la demanda de cómputo, siendo aquí donde entran en juego las tecnologías Big Data.

- **Tiempo de cómputo**: en la fase de Data Mining, como hemos mencionado anteriormente, se suele trabajar con muestras de los datos de partida, mientras que en la mayoría de los casos es conveniente tratar toda la información disponible para aumentar la eficiencia de los resultados.

   En este caso nos enfrentamos a la complejidad de aplicar métodos científicos a un gran volumen de datos y es aquí donde la modelización en Machine Learning, combinada con la posibilidad de trabajar en modo distribuido en un clúster[18], mediante la implementación de las tecnologías Big Data, se puede conseguir una mayor eficiencia en los resultados, sin que el tiempo de cómputo sea un hándicap para el éxito de la modelización.

A modo de conclusión, podemos apreciar cómo el Machine Learning tiene la propiedad de realizar el cómputo en modo distribuido. Lo que, apoyándose en las tecnologías Big Data, permite evitar que, tanto el crecimiento exponencial de las necesidades de cómputo, como el gran volumen de datos a gestionar, terminen siendo una limitación insalvable para el éxito de la modelización.

Herramientas recomendadas

Toda mi experiencia, en lo que a modelización en Machine Learning se refiere, está basada en el lenguaje de programación **Python**. Evidentemente no es casualidad, ya que es un lenguaje maduro, de código abierto, con una gran base de desarrolladores, documentación y proyectos en producción. Y lo que me parece la gran ventaja, respecto de otros lenguajes, es que tiene una curva de aprendizaje relativamente baja para personas sin formación informática previa.

El uso este lenguaje, fundamentalmente en el campo de **Data Science**, en general, y del Machine Learning, en particular, se debe a la disponibilidad de una gran cantidad de librerías y

---

[18] Sistema de computadoras o instancias, interconectada entre sí, que trabajan en paralelo. Lo que permite reducir significativamente los tiempos de cómputo o latencia.

entornos de desarrollo que están a disposición de los Científicos de Datos. No sólo librerías relativas a Machine Learning y Deep Learning, sino que también esta disponibilidad se hace extensiva a otro tipo de librerías como puedan ser de visualización, cálculo numérico, análisis de datos, integración con aplicaciones y sistemas ya existentes, etc.

Librerías recomendadas para Python

Existe un conjunto de librerías de herramientas científicas para Python, como pueden ser **NumPy**[19], **SciPy**[20], **Matplotlib**[21] o **Pandas**[22], entre otras, que permiten resolver la operativa propia del cálculo numérico.

Pero para el desarrollo de modelizaciones complejas en Machine Learning y Deep Learning existen otro tipo de librerías que están orientadas a tal fin. De entre éstas últimas, las librerías que recomiendo, obviamente por haber desarrollado mi actividad en este campo a través de ellas, son:

SCIKIT-LEARN[23]: esta librería está formada por un conjunto de herramientas simples y eficientes para el análisis predictivo de datos. Es accesible para todos y utilizable en diversos contextos, teniendo como base NumPy, SciPy y Matplotlib.

---

[19] https://numpy.org/

[20] https://www.scipy.org/

[21] https://matplotlib.org/

[22] https://pandas.pydata.org/

[23] https://scikit-learn.org/stable/

Es de código abierto y, además, comercialmente utilizable bajo licencia BSD[24].

- **Desde el punto de vista de la Ciencia de Datos**: viene a ser recomendable su utilización cuando trabajemos con datos 0, 1 o 2-dimensional, es decir, escalares, vectores o matrices.

- **Atendiendo al cómputo**: el proceso de los datos se realiza por medio de CPUs. Estos procesadores son de propósito general, lo que significa que pueden hacer todo tipo de cálculos, estando diseñados para el **procesamiento en serie de los datos**.

TENSOR-FLOW[25]: es una plataforma de código abierto para el desarrollo de procesos de Machine Learning y Deep Learning. Dispone de un ecosistema completo y flexible de herramientas, bibliotecas y recursos comunitarios. Ha sido desarrollada por Google para realizar cálculos numéricos mediante diagramas de flujo de datos codificados mediante un grafo. Los nodos del grafo son las operaciones matemáticas y las aristas corresponden a los tensores.

- **Desde el punto de vista de la Ciencia de Datos**: tiene las mismas prestaciones que Scikit-Learn, pero pudiendo procesar datos n-dimensional, lo que implica que puede trabajar con tensores, distribuir el cómputo y realizar procesos en paralelo.

---

[24] Berkeley Software Distribution.

[25] https://www.tensorflow.org/

- Atendiendo al cómputo: esta librería procesa los datos, además de mediante CPUs, también a través de GPUs. Las GPUs se encuentran en la tarjeta gráfica y están diseñadas para el **procesamiento en paralelo de los datos**. Su capacidad de cómputo es mucho mayor que el rendimiento que puede alcanzar una CPU en operaciones especializadas con tensores.

Sobre la utilización de una u otra, la práctica me ha demostrado que en el fondo depende del retorno de la inversión (ROI) y no tanto de que una sea más precisa que otra. Es decir, tanto Scikit-Learn como Tensor-Flow pueden alcanzar, en la mayoría de los casos, los mismos niveles de precisión en la modelización.

No obstante, Scikit-Learn necesita menos inversión en cómputo, pero trabaja en serie, lo que la haría más adecuada cuando la **latencia**[26] exigida por el proyecto sea alta y dé tiempo suficiente para alcanzar el resultado. Dicho de otro modo, sí en calcular una previsión de ventas diarias de un producto se tarda una hora, y se dispone de los datos actualizados a las 00:00 horas, y el usuario debe disponer de los datos analizados cada día a las 05:00 horas, no tendría sentido invertir para reducir el tiempo de cómputo.

Dicho lo anterior, Tensor-Flow puede trabajar en paralelo y distribuir el cómputo, siempre y cuando utilice memoria gráfica o GPUs. Luego sería aconsejable su uso cuando tenga-

---

[26] Tiempo de respuesta máxima que se le exige a un modelos para dar el resultado.

mos latencias exigidas muy bajas y la inversión en tarjetas gráficas compense respecto del ROI[27].

Es evidente que hay otras librerías o plataformas a disposición de los usuarios, como puedan ser **Keras**[28] o **PyToch**[29], desarrollada esta última por Facebook, pero me ha parecido oportuno centrarme en Scikit-Learn y Tensor-Flow, ya que son las más usadas en este momento, tengo experiencia en haber trabajado con ellas y muestran muy bien la diferencia respecto de trabajar únicamente con matrices, como es el caso de Scikit-Learn, o trabajar con tensores, en el caso de Tensor-Flow.

En el primer caso estamos tratando el **procesamiento en serie de los datos**, mientras que en el segundo, tratamos sobre el **procesamiento en paralelo de los datos**, lo que implica la posibilidad de cómputo distribuido. Y por ende, siendo estas diferencias fundamentales entre librerías la base para la Toma de Decisiones respecto a qué tipo de librería o plataforma usar.

Deep Learning (DNN)

Dentro de las múltiples librerías disponibles para la implementación del Machine Learning, unas de las que tienen más re-

---

[27] **Return On Investment**: se define como el retorno de la inversión, que es la razón financiera que compara el beneficio o la utilidad obtenida en relación a la inversión realizada.

[28] https://keras.io/

[29] https://pytorch.org/

levancia son la Redes Neuronales. Las redes neuronales siempre han de tener una capa de entrada (inputs), una capa oculta (con sus respectivos pesos) y una capa de salida (outputs).

Pues bien, estaremos hablando de Deep Learning cuando tengamos Redes Neuronales que presenten más de una capa oculta, siendo el output de cada capa el input de la capa siguiente. De este modo, se puede considerar al Deep Learning como un caso particular de modelización en Machine Learning, o viceversa.

Aquí comentaremos, de modo conceptual, alguna de las arquitecturas de Deep Learning más habituales:

- **Redes Neuronales Convolucionales**: las CNN utilizan un patrón de conectividad entre sus neuronas y están inspiradas en la organización de la corteza visual del cerebro, cuyas neuronas individuales están dispuestas de tal manera que responden a las regiones superpuestas que forman el campo visual, por lo que suelen ser adecuadas para el procesamiento de imágenes y video.

- **Redes Neuronales Recurrentes**: las RNN se asocian con el lóbulo temporal, qué es el área del cerebro responsable de la memoria a largo plazo, encargándose de que la información que almacena el cerebro no se pierda a través del tiempo. Las RNN están diseñadas para reconocer secuencias a lo largo de una serie, por ejemplo, una señal de voz, un texto, etc.

"La fase de Machine Learning, dentro del proceso de Big Data Analytics, se caracteriza por ser una etapa en la que se combina la aplicación de ciencia a los datos con el uso de las Tecnologías Big Data. Permitiendo así la modelización de grandes volúmenes de datos o, también, la modelización mediante librerías complejas que requieren de una gran demanda de cómputo. Esto nos lleva a la reflexión de que; si bien las técnicas matemáticas o estadísticas, que se aplican mediante la Ciencia de Datos para conseguir los modelos, nos son técnicas modernas, sí que podemos afirmar; que las tecnologías Big Data nos permiten sacar del plano teórico dichas técnicas para dotarlas de aplicación práctica".

BIG DATA

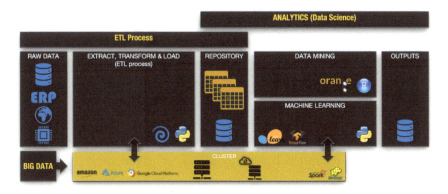

TECNOLOGÍAS BIG DATA. Clúster: Físico vs Virtual (en la nube). Gestión de Clúster: Apache Hadoop. Distribución del cómputo: Apache Spark. Plataformas en la Nube: Amazon Web Services (AWS), Microsoft Azure & Google Cloud.

Desde un punto de vista conceptual, y a modo simplificado, cuando nos enfrentamos a un proceso de modelización puede ocurrir que —debido al gran volumen de datos a procesar o a las necesidades de cómputo para cumplir con una latencia exigida al modelo— sea necesario realizar tareas en paralelo. Es aquí cuando nos enfrentamos a la necesidad de implementar tecnologías que permitan la configuración y gestión de clústeres, junto con la distribución del cómputo entre sus nodos.

CLUSTER

Una definición simple de clúster, sería la de un conjunto de computadoras o instancias conectadas entre sí, que operan como si fuesen un único servidor, ya que se considera a cada instancia como un nodo del clúster.

Pues bien, en un proceso de Big Data Analytics, como hemos mencionado en la introducción de este apartado, cuando nos encontremos ante la necesidad de procesar grandes volúmenes de datos o, bien, por las necesidades de cómputo derivadas del cumplimiento de la latencia exigida al modelo, se hará necesario configurar clústeres y distribuir dicho cómputo. En tal caso, es recomendable utilizar Plataformas en la Nube, sin perjuicio por montar los clústeres de forma física, si así se considera más adecuado.

Tomemos por ejemplo Amazon Web Services (AWS), en la que se pueden implementar clústeres mediante el servicio de Elastic MapReduce (EMR), el cual gestiona el clúster a través de Apache Hadoop y permite ejecutar scripts de Python, distribuyendo el cómputo entre los nodos por medio de Apache Spark.

Este servicio permitirá ajustar el tamaño del clúster a las necesidades que requiera el proceso, activarlo y desactivarlo bajo demanda y escalarlo para cumplir con la latencia exigida por el modelo. Lo cual implica un control riguroso de las necesidades de tecnología Big Data, haciendo uso de ellas solamente lo estrictamente necesario.

Puesto que la mayoría de las plataformas en la nube suelen implementar Apache Hadoop y Apache Spark, pasaremos a realizar una pequeña descripción de sus prestaciones fundamentales, al objeto de describir las funcionalidades que aportan.

Apache Hadoop[30]

Apache Hadoop es un marco de código abierto que permite el **procesamiento distribuido de grandes conjuntos de datos en grupos de computadoras** utilizando modelos de programación simples. Está diseñado para escalar, desde servidores individuales, hasta miles de máquinas o instancias, cada una de las cuales ofrece computación y almacenamiento local.

Apache Spark[31]

Spark es un **motor de procesamiento rápido y general** compatible con el **procesamiento distribuido de grandes conjuntos de datos** de Hadoop. Puede ejecutarse en clústeres de Hadoop y está diseñado para realizar el procesamiento por lotes (similar a MapReduce), lo que permite distribuir el cómputo entre los nodos y, por ende, reducir la latencia del modelo o proceso a llevar a cabo.

PLATAFORMAS EN LA NUBE

Las principales plataformas en la nube que permiten implementar las tecnologías Big Data, que pueda requerir un proceso de Big Data Analytics, son:

- **Amazon Web Services**[32],

---

[30] https://hadoop.apache.org/

[31] https://spark.apache.org/

[32] https://aws.amazon.com/

- Microsoft Azure[33] y

- Google Cloud[34].

A través de todas ellas se puede llegar a resultados similares, en cuanto a la implementación de clústeres, gestión de los mismos y distribución del cómputo se refiere. No obstante, recomiendo AWS, ya que ha sido a través de EMR el servicio con el que he realizado la mayoría de los procesos de clustering, cuando así ha sido requerido por los procesos de modelización que he llevado a cabo.

Amazon Web Services → EMR[35]

Elastic MapReduce es la plataforma para Big Data en la nube de Amazon destinada al procesamiento de grandes volúmenes de datos, mediante el uso de herramientas de código abierto como Apache Hadoop y Apache Spark. Con EMR se pueden ejecutar análisis a gran escala, pudiendo ser incluso volúmenes en petabytes, a menos de la mitad del costo de las soluciones locales tradicionales y con una velocidad tres veces superior que la solución de Apache Spark estándar.

No obstante, pensando en trabajos de corta duración, se pueden iniciar y finalizar clústeres y pagar por tiempo en función de las instancias utilizadas. Mientras que para cargas de trabajo de larga duración se pueden crear clústeres de alta

---

[33] https://azure.microsoft.com/

[34] https://cloud.google.com/

[35] https://aws.amazon.com/es/emr/

disponibilidad, que se escalarán automáticamente para satisfacer la demanda. Lo cual lo hace un servicio muy adecuado independientemente de la magnitud de proyecto y del presupuesto disponible.

NECESIDADES DE TECNOLOGÍAS BIG DATA

Antes de nada, me parece necesario realizar el siguiente planteamiento; **no en todo proceso de Big Data Analytics es imperativo la implementación de tecnologías Big Data**, no por el hecho de implementar este tipo de tecnologías va a mejorar la precisión de un modelo de Machine Learning.

En síntesis, la implementación, o no, de las tecnologías Big Data depende de la latencia exigida al modelo, la cual suele estar fijada por las necesidades en la Toma de Decisiones. Puesto que todo el proceso tiene que hacerse en un tiempo inferior al que se dispone, desde que se extrae el dato en bruto, hasta que se toma la decisión pertinente en base a los datos ya analizados, resultantes del modelo.

Dicho esto, podemos analizar cuándo sería necesario invertir en este tipo de tecnologías. Para ello nos fijaremos en las fases del proceso de Big Data Analytics que estamos siguiendo, centrándonos en dos de ellas:

- **Fase II (proceso de ETL)**: por un lado, sería necesario implementar un clúster, en el caso de que —debido al volumen de los datos o a la complejidad que estos presenten para su transformación en Tabla-Minable— el tiempo de

Extracción, Transformación y Carga de éstos sea crítico para cumplir con la latencia máxima.

- **Fase V (Machine Learning)**: por otra parte, independientemente del volumen de los datos procesados, se deberá implementar un clúster; si las librerías, para la modelización en Machine Learning, requieren de una gran demanda de cómputo que ponga en peligro el cumplimiento de la latencia exigida.

"La implementación de infraestructura Big Data sólo será necesaria si es crítico el cumplimiento de la latencia exigida al modelo para garantizar la Toma de Decisiones. De darse tal supuesto, sería requerido este tipo de tecnologías en las fases de ETL y Machine Learning, según las características del procesos en desarrollo".

PUESTA EN PRODUCCIÓN DE LOS MODELOS

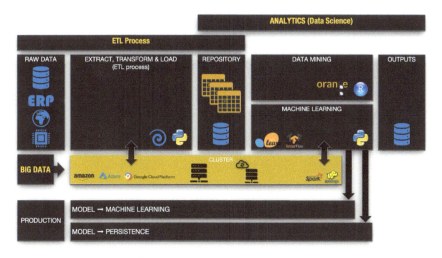

PUESTA EN PRODUCCIÓN DE LOS MODELOS. Persistencia: Inputs → Fórmula → Outputs. Aprendizaje Automático: Script de Python en re-entrenamiento continuo.

Hasta ahora hemos descrito las fases del proceso de Big Data Analytics para la implementación de un modelo de Machine Learning y las correspondientes tecnologías Big Data. Lo que nos lleva, una vez culminada la parte analítica del proceso, a describir los modos en los que el modelo puede ser puesto en producción.

PUESTA EN PRODUCCIÓN

La puesta en producción de los modelos no tiene porqué mantener los mismos procedimientos, metodologías de Machine Learning o tecnologías Big Data, que en las fases de

ETL, minado de datos o prototipado llevadas a cabo para evaluar su factibilidad y viabilidad, respectivas. Puesto que, esto dependerá de la latencia de la que se disponga hasta la Toma de Decisiones y de si existe una pérdida de precisión en el modelo por cada nuevo input que éste procesa. Por tanto, en función del mayor o menor tiempo del que se disponga hasta la Toma de Decisiones y de la pérdida de precisión por ciclo, dependerá que el modelo pueda ser puesto en producción con, o sin, un entrenamiento previo. En el caso de no disponer de una latencia holgada, se podría poner el modelo en producción, en modo de Persistencia, siempre y cuando no presente pérdida de precisión. Mientras que, en el caso de disponer de cierta holgura en la latencia, o producirse cambios significativos en los patrones de los datos de entrada al modelo, convendría poner el modelo en producción, en modo de Aprendizaje Automático.

MODELO EN PERSISTENCIA

MODEL → PERSISTENCE

$$\text{INPUTS} \rightarrow y = \beta_0 + \beta_1 + \cdots + \beta_n + \varepsilon \rightarrow \text{OUTPUTS}$$

MODELO EN PRODUCCIÓN: Persistencia: Inputs → Fórmula → Outputs.

Una vez un modelo es considerado como viable, éste podrá ser puesto en producción en modo de Persistencia. En este caso, el modelo se puede configurar de tal manera que cuando se produzca la entrada de datos (inputs), procedentes de la Tabla-Minable correspondiente, éste actúe como una fórmula matemática que procesa estos datos y da como resultado datos analizados (outputs), para posteriormente alimentar el Cuadro de Mando respectivo, que permita la consecuente Toma de Decisiones.

Es evidente, que en este modo de hacer trabajar al modelo, no es necesario un re-entrenamiento por cada nuevo input, lo que implica que —independientemente de que en la fase de Machine Learning, en la que se ha evaluado su viabilidad, se haya tenido que disponer de una gran demanda de cómputo— el modelo trabajando en Persistencia, apenas consumirá recursos, con lo que no será necesaria tampoco la implementación de tecnologías Big Data para su puesta en producción.

Siendo un modo de puesta en producción recomendable cuando el tiempo de latencia máxima no sea holgado y no afecte el paso del tiempo a la precisión de modelo, sin perjuicio, de que se tenga que realizar un re-entrenamiento periódico, semanal, mensual, etc., para mantener su precisión.

MODELO EN APRENDIZAJE AUTOMÁTICO

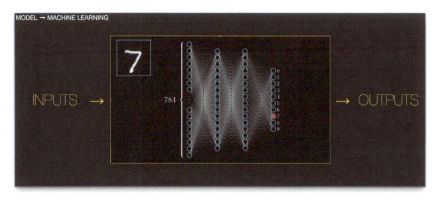

MODELO EN PRODUCCIÓN. Aprendizaje Automático: Inputs → Red Neuronal en re-entrenamiento → Outputs.

Cuando un modelo es puesto en producción en modo de Aprendizaje Automático, significa; que por cada nuevo input del modelo, éste se ha de re-entrenar, al objeto de mantener su precisión, o lo que es lo mismo; será el script de Machine Learning el que se ha de implementar para el procesado de los datos, en vez de una fórmula, como se hizo en el caso anterior.

Esto implica, que si en la fase de Machine Learning, en la que se ha evaluado la viabilidad del modelo, ha sido necesaria una gran demanda de cómputo y, por ende, la implementación de tecnologías Big Data, será necesario también que durante la puesta en producción del modelo se disponga de dicha tecnología, al menos en un porcentaje de la implementada durante la evaluación.

De este modo, el modelo puesto en producción, en modo de Aprendizaje Automático, será recomendable cuando el modelo pierda precisión por cada nuevo input, o conjunto de éstos. Esto se debe, generalmente, a que los patrones de los datos de entrada no son estables y afectan a la precisión del modelo debido su evolución con el tiempo.

"La puesta en producción de los modelos suele depender del binomio {latencia, ROI}:

- Siendo recomendable la modalidad en Persistencia, ya que no implica incurrir en costes de tecnología Big Data, cuando se requiera un tiempo de cómputo con una latencia muy baja y la precisión del modelo no se vea afectada a corto plazo.

- Por el contrario, será recomendable la modalidad de puesta en producción en Aprendizaje Automático, cuando la precisión del modelo se vea significativamente afecta por los cambios en los patrones de los datos de entrada al mismo".

En última instancia, tal y como hemos comentado, buscaremos una optimización de la precisión del modelo, que maximice el Retorno de la Inversión (ROI), teniendo en cuenta las restricciones que nos impone la latencia.

BUSINESS INTELLIGENCE

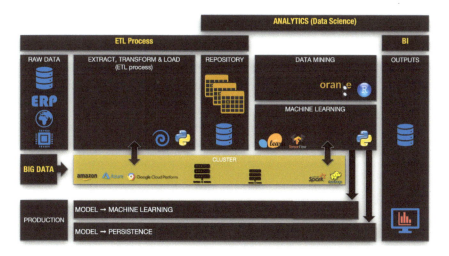

BUSINESS INTELLIGENCE: Fase VI: Datos Analizados (Outputs). Dashboard: Toma de Decisiones.

Hasta la popularización de las tecnologías Big Data y de las técnicas de Machine Learning, los procesos de Toma de Decisiones han estado basados, generalmente, en la representación de datos históricos de hechos ya acontecidos, siendo el Business Intelligence la disciplina encargada de mostrar estos datos en los cuadros de mando para facilitar dicha Toma de Decisiones.

Por ello, me gustaría tratar este apartado, desde el punto de vista del cambio de paradigma que se está produciendo en la industria y, por ende, en toda la sociedad en su conjunto, como consecuencia del proceso de Transformación Digital que se está viviendo.

BI vs MACHINE LEARNING

Partamos del siguiente supuesto; si un directivo tiene un objetivo de ventas para el próximo mes, de un crecimiento del 10%, y en su gráfico del Cuadro de Mando, al final del mes, se muestra un crecimiento del 5%, éste buscará la causa de la reducción del crecimiento de ventas y tomará las medidas correctoras oportunas. Lo que quiere decir, que está tomando las medidas correctoras **a posteriori**, cuando la reducción de ventas ya se ha producido. Pero, si en su Cuadro de Mando tuviese representada la previsión de las ventas, en función del análisis de datos diarios que le proporcionaría un modelo de Machine Learning, éste podría tomar medidas preventivas antes de que se haya producido la reducción de ventas, es decir, **a priori**, lo que implicará que aumente la probabilidad de conseguir el objetivo esperado, de un crecimiento del 10%.

Por tanto, el cambio de paradigma al que nos enfrentamos es el siguiente:

(i) Al no disponer el Business Intelligence de una modelización en Machine Learning; el directivo desplaza la responsabilidad, de la bajada en el crecimiento de previsión de ventas del 10% al 5%, hacia la causa de la misma, no asumiendo así ninguna responsabilidad directa en lo sucedido.

(ii) Pero si el Business Intelligence dispone de modelización en Machine Learning; el directivo, en este caso, toma las medidas preventivas antes de que sea inevitable la reducción del crecimiento de las ventas. Lo que quiere decir que está asumiendo un riesgo, siendo el riesgo que asume igual al error en la precisión que comete el modelo implementado.

Pues bien, este cambio de paradigma nos lleva a incorporar, como fase independiente del proceso de Big Data Analytics, al Business Intelligence, cuyas funciones son fundamentales para integrar las necesidades del negocio con los datos, en este caso los outputs de los modelos. Como se puede deducir, de lo expuesto anteriormente, el Business Intelligence, como disciplina, por sí sola no sería capaz de adelantarse a los eventos, tal y como sí lo permiten los modelos de Machine Learning, por lo que ambas fases son complementarias entre sí.

OUTPUTS

La salida de los modelos de Machine Learning, atendiendo a su puesta en producción, suelen ser vectores o matrices de datos ya analizados, cuyo objeto es alimentar cuadros de mando para la Toma de Decisiones o, en algunos casos, pueden ser también el input de otro modelo posterior.

No obstante, las salidas de un modelo, que son, como se ha indicado en el párrafo anterior, vectores o matrices de datos, pueden ser objeto de transformación en objetos, tales como gráficos, imágenes, tablas de color u objetos que representan instrumentos varios, entre otros. Por otra parte, decir, que otra de las funciones que puede tener el output de un modelo, es la alimentación de flujos o árboles de decisión, los cuales permiten la toma de decisiones de forma automatizada y secuencial, sin la necesidad de intervención humana en el proceso de decisión.

Finalmente, con respecto al almacenamiento de los datos analizados, éstos pueden ser almacenados en un repositorio al tal fin, al que se conectan los cuadros de mando que los requieran. Aunque también pueden pasar directamente a los cuadros de mando o flujos de decisión, si se dispone de plataformas que integran todo un proceso de Big Data Analytics.

CUADROS DE MANDO (DASHBOARDS)

En este caso entenderemos, como cuadros de mando, a toda representación de los datos de salida de un modelo que tengan un sentido conceptual.

Una de las cosas más importante a las que se tienen que enfrentar las personas que son capaces de transformar datos en bruto en datos analíticos, es decir los Científicos de Datos, es el hecho de que los profesionales, bien sean directivos o técnicos, que tienen que tomar las decisiones en base a ellos, son profesionales que tienen una cultura empresarial, que hace que un mismo dato tenga un valor conceptual distinto para cada uno de ellos, dependiendo del sector en el que se desenvuelven, su propia formación, etc..

De ahí la necesidad de que el Científico de Datos, que diseña todo el proceso de Big Data Analytics, entienda, desde un punto de vista de acción-reacción, como han se ser mostrados los datos en función de la **idiosincrasia**[36] de cada sector o tipo de actividad a la que dan soporte los modelos.

Y con respecto al diseño de los cuadros de mando, no es algo que pertenezca al alcance de este libro, pero sí recomendaría que se diseñen cuadros de mando que mantengan la **proporción áurea**[37] en su distribución y cuiden la integración de la gama de colores, con lo que se obtendrá, evidentemente, un layout con una funcionalidad de carácter más **ergonómico**[38].

---

[36] Comportamientos o formas de pensar y actuar que son características de una persona o grupo.

[37] La **proporción áurea** es un número irracional que descubrieron pensadores de la Antigüedad al advertir el vínculo existente entre dos segmentos pertenecientes a una misma recta. Dicha proporción puede hallarse en la naturaleza (flores, hojas, etc.) y en figuras geométricas y se le otorga una condición estética: aquello cuyas formas respetan la proporción áurea es considerado bello.

Esta proporción, también suele mencionarse como **razón áurea**, **número áureo** o **divina proporción**, incluso solía ser señalada por sus supuestas propiedades místicas. Su ecuación se expresa por la **secuencia de Fibonacci**, cuya razón es ~ 1,61803398874989…

[38] La ergonomía es la disciplina que se encarga del diseño de lugares de trabajo, herramientas y tareas, de modo que coincidan con las características fisiológicas, anatómicas, psicológicas y las capacidades de los trabajadores que se verán involucrados.

INDUSTRIA 4.0

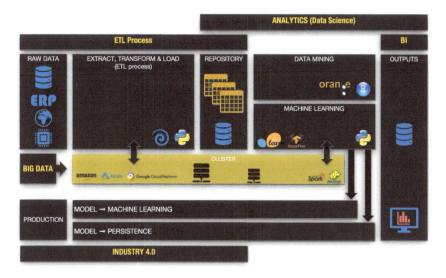

INDUSTRIA 4.0. Internet de las Cosas (IoT): Proceso de implementación de sensores para la recopilación de datos.

Éste es un término que puede llevar a equívoco si se interpreta en sentido literal, ya que el paradigma de **Industria 4.0**[39] abarca muchos más ámbitos que el relativo y circunscrito a la industria propiamente dicha.

FUNDAMENTOS

A modo de ejemplo, imaginemos que en un pequeño comercio se hubiese instalado una cámara de doble sentido en la entrada del mismo, y que a través de un análisis facial, de

---

[39] Es una expresión que denomina una hipotética cuarta mega etapa de la evolución técnico-económica de la humanidad, contando a partir de la Primera Revolución Industrial.

modo anónimo, sin almacenar fotograma alguno, estuviese conectada a:

- Un modelo de Machine Learning que permita saber el sexo de la persona cuando entra en el establecimiento.

- Otro modelo que permita determinar la edad de las personas.

- Un modelo que analice las emociones, al entrar y al salir, de la misma persona. Lo que permitirá contrastar las diferencias producidas en su estado de ánimo tras la estancia en el comercio.

- Una base de datos que registre el instante de entrada y salida, recogiendo así el tiempo de permanencia en el establecimiento.

- Etc.

Pues bien, como se puede deducir del ejemplo, toda esta información permitiría tomar decisiones estratégicas al comercio, conociendo mejor a sus clientes, la respuesta que tienen sus productos, etc., lo que redundará en una mejora en su **Rentabilidad Financiera** —ROE[40]—.

En conclusión, este ejemplo trata de mostrar cómo, independientemente de que sea una industria o un pequeño comercio, etc., el hecho de sensorizar la actividad humana, bien sea de forma directa sobre los individuos o indirecta, sensori-

---

[40] **Return On Equity**: se trata de la Rentabilidad Financiera; es decir el Beneficio Neto dividido por el Patrimonio Neto de la empresa. Su maximización es el objetivo último perseguido por sus accionistas.

zando las máquinas, aparatos o herramientas que éstos utilizan, se podría afirmar, de modo relativo, que dicha acción, es lo que se considera como Industria 4.0.

"Atendiendo al proceso de Big Data Analytics, la Industria 4.0 se desarrollará en aquellos casos en los que se requiera la sensorización de una actividad —bien sea a través de elementos físicos o bien sea sobre la actividad de las personas directamente— con el objeto de proporcionar datos. Por otra parte, esta sensorización se suele integrar con los procesos de ETL, proporcionando directamente los inputs de los modelos.

En definitiva, la Industria 4.0, es una inversión que aumenta el valor añadido de la actividad que sensoriza, puesto que incide, a través de los modelos de Machine Learning, directamente en la mejora los proceso de Toma de Decisiones".

HACIA LA TRANSFORMA-CIÓN DIGITAL

BDA → TRANSFORMACIÓN DIGITAL

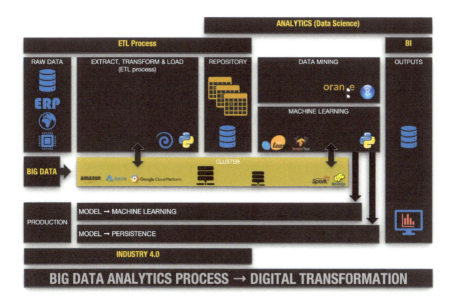

FASES DEL PROCESO DE BIG DATA ANALYTICS & PUESTA EN PRODUCCIÓN DE LOS MODELOS. Fase I: Raw Data. Fase II: Extracción, Transformación y Carga (ETL). Fase III: Almacenamiento intermedio (Tabla-Minable). Fase IV: Data Mining. Fase V: Machine Learning. Fase VI: Datos Analizados (Outputs).

Todo proceso de Big Data Analytics[41] requiere de la consecución de una serie de fases para llevarlo a cabo, las cuales relacionamos a continuación:

- **Raw Data** —Inputs—: Acceso a las fuentes de datos en bruto, habitualmente datos no estructurados.

_____

[41] Recomiendo seguir el flujo representado en la imagen mientras se sigue lo expuesto a continuación.

- **Extracción, Transformación y Carga** —ETL—: proceso que permite extraer los datos de las fuentes y transformarlos en Tablas Minables que se cargan o almacenan en un repositorio intermedio.

- **Data Mining**: partiendo de una muestra significativa de los datos estructurados se realiza un minado para, por medio de una modelización exploratoria, determinar si es factible continuar con el proceso. Entendiendo por **factibilidad**, cuando el modelo estudiado no presenta sobreajuste (Overfitting).

- **Machine Learning**: modelización, mediante librerías de Machine Learning, con el objeto de conseguir la máxima precisión del modelo. En este caso se evalúa su **viabilidad**. Entendiéndose como tal, que la precisión sea superior a la exigida por el proyecto, y que cumpla, a su vez, con la latencia exigida por éste. Cumplidas estas dos premisas, el modelo puede ser puesto en producción.

- **Dashboard** —Outputs—: una vez modelo ha sido puesto en producción, las salidas de éste alimentarán los Cuadros de Mando o Dashboards para la Toma de Decisiones

La puesta en producción de los modelos, puede implementarse de la siguiente forma:

- En **Persistencia**: el modelo trabaja como una fórmula que recibe datos de entrada (inputs) y proporciona datos analizados (outputs).

- En **Aprendizaje Automático**: el modelo, para generar datos analizados (outputs), se re-entrena cada vez que recibe un nuevo conjunto de datos de entrada (inputs).

En lo relativo a la implementación de tecnologías Big Data, éstas dependerán de dos supuestos:

- **ETL**: cuando como consecuencia del volumen de datos a transformar, o bien debido a su complejidad, se requiera de un clúster para realizar dicha transformación.

- **Machine Learning**: cuando las necesidad de cómputo crezcan de modo exponencial y sea necesaria la implementación de un clúster para el procesado de las librerías, fundamentalmente atendiendo a lo criterios de la latencia exigida.

En ambos supuestos; la gestión del clúster es recomendable realizarla con Apache Hadoop y la distribución del cómputo en los nodos, por medio de Apache Spark.

"Consecuentemente, cada vez que ser replica este proceso de Big Data Analytics en un área de actividad de la empresa, para realizar una modelización concreta, se está contribuyendo a la Transformación Digital de la misma".

CONCLUSIÓN FINAL

Los procesos de Big Data Analytics tienen un carácter unitario y, por tanto, solamente dan solución a una parte del problema, siendo la Transformación Digital un concepto mucho más amplio, puesto que abarca a toda una organización.

Debido a esto, si se considera la Transformación Digital como un paradigma que afecta a toda una organización en su conjunto, sería razonable pensar que **la implementación de varios procesos de Big Data Analytics, de forma integrada y con un objetivo común, implicará la Transformación Digital de dichas organizaciones o empresas.**

Entendiendo como objetivo de toda Transformación Digital, la optimización de la **Rentabilidad Financiera** —Return On Equity (ROE)—, en el caso de empresas o, de la **Utilidad**, en el caso de otras organizaciones sin ánimo de lucro.

"En síntesis, se puede afirmar que la Transformación Digital, desde un punto de vista analítico, se podría plantear como el sumatorio de sendos procesos de Big Data Analytics, enfocados todos ellos a un objetivo común.

Consistente, dicho objetivo, en la optimización de la Rentabilidad Financiera o de la Utilidad, según se corresponda con una empresa o una organización, respectivamente".

ANEXOS

CONOCE AL AUTOR

José Luis CUBERO-SOMED. Científico de Datos especialista en Machine Learning y desarrollo de procesos de Transformación Digital. Con formación base en Ingeniería por la Universidad de Zaragoza, MSc in Finance por la ESIC Business School y Máster en Big Data Analytics por la Universidad Politécnica de Valencia, así como Diplomado en Bioinformática & Biología Computacional por la UPV y Psicología del Coaching por la UNED.

Con dilatada experiencia en el campo de la Consultoría e Investigación en sectores diversos, compatibilizando estas actividades con la de profesor de postgrado universitario y formación para empresas, en el área de la Ciencia de Datos. Encontrándome en este momento en pleno desarrollo de una nueva etapa, muy ilusionante para mí, en la que estoy poniendo a disposición de los lectores el conocimiento y experiencia adquiridos a lo largo de mi carrera profesional, para que tengan acceso a éstos de forma online. Planteándome, como compromiso personal, que el contenido desarrollado tengan una combinación de síntesis y calidad cuyo objetivo sea despertar el interés por la Ciencia de Datos en las personas que accedan a ellos.

Espero, a través de esta Serie, ayudaros a crecer personal y profesionalmente y que los conocimientos adquiridos sobre la Transformación Digital sean de vuestra utilidad.

Un cordial saludo.

OTRAS OBRAS DE LA SERIE

Esta Serie de cuatro libros sobre la Transformación Digital de la empresa está pensada para ofrecer, a todos aquellos interesados en la materia, una visión didáctica de la misma.

He procurado huir, en la medida de lo posible, de un exceso de tecnicismos al redactar los textos, buscando una orientación del contenido más cercana a un Manual de referencia. Tratando en todo momento que los contenidos le sirvan al lector como consulta o referencia a la hora de enfocar la Transformación Digital de una empresa, máxime si ésta está basada en la implementación de tecnologías Big Data y modelos de Machine Learning.

Por último, me gustaría resaltar, que uno de los objetivos de esta Serie es desmitificar que la Transformación Digital sea compleja, costosa y que requiera de una alta especialización para llevarla a cabo. Puesto que de la lectura de los libros que la componen se puede deducir cómo el conocimiento de los procesos, y la planificación de los mismos, simplifica significativamente su complejidad y permite un control de la inversión, en relación al Retorno de la misma (ROI).

A continuación, te presento una breve descripción de los cuatro libros que componen la Serie, sobre la Transformación Digital de una empresa, basada en la implementación de tecnologías Big Data y modelos de Machine Learning, por si te pudiera interesar.

1. BIG DATA ANALYTICS: PROJET MANAGEMENT. Guía rápida que muestra la metodología de trabajo para el desarrollo de procesos de Big Data Analytics.

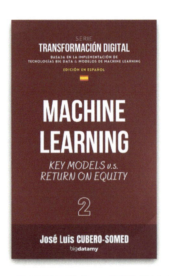

2. MACHINE LEARNING: KEY MODELS vs RETURN ON EQUITY. Guía rápida para saber cuales son los principales modelos de Machine Learning a implementar en la Transformación Digital de una empresa.

3. DIGITAL TRANSFORMATION MANAGEMENT: MASTER PLAN. Guía rápida para elaborar un Master Plan para la planificación del desarrollo de un proceso de Transformación Digital de una empresa.

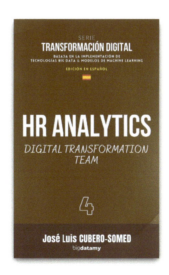

4. HR ANALYTICS: DIGITAL TRANSFORMATION TEAM. Guía rápida para conformar un equipo de trabajo especializado en el desarrollo de procesos de Transformación Digital.

MI RECOMENDACIÓN PARA Data Scientist & Project Managers

Como habrás podido comprobar de la lectura del libro, éste sigue la secuencia de las fases del proceso de Big Data Analytics, es decir, sigue el flujo de los datos que va desde la obtención de los mismos, su posterior transformación en Tabla Minable, para realizar el minado y modelización correspondientes, hasta la visualización de la información analítica en los Cuadros de Mando. Pero es necesario entender que se requiere de una definición inicial de lo que necesita la empresa antes comenzar el proceso de trabajo. Por lo que, primeramente, trataremos de responder a la siguiente pregunta.

¿POR DÓNDE EMPEZAR?

Cuando te enfrentes a un proceso desde su definición inicial, se hace necesario empezar desde el final del flujo descrito en el párrafo anterior. Puesto que, por lo general, te tendrás que enfrentar a una idea abstracta que suelen tener, como objetivo en mente, los responsables de los departamentos o áreas de actividad de la empresa que requiera llevar a cabo el proceso.

Pues bien, para poder enfrentarte a este paso inicial, lo más adecuado es utilizar el denominado como Método Socrático, al objeto de llegar a una **solución cuantitativa**[42] que te permita hacer realidad el proceso.

Método Socrático[43]

Este método de interacción interpersonal está basado, como su propio nombre indica, en el método que utilizaba Sócrates para relacionarse con los demás a la hora de debatir o sonsacar información de otras personas. Quizás, por tener este nombre, te puede parecer un tanto complejo, pero en realidad no lo es en absoluto, y consiste en lo siguiente:

(1) Informar al interlocutor de qué le vas a hacer preguntas sobre lo que desean solucionar y que durante el transcurso de su respuesta, si lo consideras oportuno, le harás preguntar para tratar de concretar…es decir, le pides permiso para interrumpirle durante su respuesta, si así lo consideras.

(2) Las preguntas que interrumpen su respuesta, nunca se harán pidiendo una justificación, es decir nunca hacer este tipo de pregunta; ¿Por qué…?

(3) Las preguntas que interrumpen siempre empezarán por; ¿Qué…?, ¿Cómo…?, ¿Cuándo…?, etc., pero recuerda, nunca ¿Por qué…?

---

[42] Se trata de transformar una idea en un vector de datos: un vector numérico, que sigue una escala continua en el caso de Predicciones; y un vector categórico, que registra categorías en el caso de Clasificaciones.

[43] https://es.wikipedia.org/wiki/Método_socrático

(4) De este modo, tu objetivo será dirigirles hacia una respuesta muy concreta en la cual aparecerá una Predicción, una Clasificación, etc., es decir la Variable Dependiente (cuantitativa) del modelo a desarrollar en el proceso de Big Data Analytics a llevar a cabo.

Cómo puedes ver, es el punto de partida, junto con la precisión y latencia, que te permitirá empezar la planificación de todo el proceso sin necesidad de realizar múltiples y tediosas reuniones, pruebas y nuevas reuniones para confirmar…

Otro aspecto fundamental a tener en cuenta para continuar con el proceso, una vez definido el objetivo, es el de localizar la fuente de datos que nos permita generar la Tabla Minable correspondiente.

Tabla Minable

Teniendo clara la Variable Dependiente del modelo, es decir su estructura cuantitativa, entenderemos cuales son la Variables Independientes que, a priori, son las más adecuadas para la modelización del mismo, por lo que se hace necesario llevar a cabo reuniones con el departamento de informática o sistemas de la compañía para localizar las fuentes que nos las proporcionen.

Lo adecuado en este caso, es que definas una Tabla Minable preliminar, con entorno a diez filas, por ejemplo, pero que contenga como columnas los nombres de las variables que necesitas y la estructura de los datos que finalmente esperas en cada una de ellas.

Una vez tienes esta tabla preliminar, la presentas visualmente a los técnicos de estos departamentos y, mi recomendación, es que delegues en ellos el acceso a la información y la transformación de los datos en el formato deseado. De tal modo, que sólo tengas que acceder a la tabla que ellos generen, como fuente de datos inicial del proceso de Big Data Analytics. De este modo, te evitarás la suspicacias que se pueden producir como consecuencia de "invadir", por vuestra parte, la estructura de información de la empresa, cuestión ésta, que en algunos casos, puede ser muy sensible. Evidentemente, este supuesto no ha de considerarse como imperativo, si no que hay que adaptarse, como es lógico con la suficiente flexibilidad, según las característica de cada proyecto en concreto, puesto que se puede dar el caso de que la información presente una estructura muy heterogénea al inicio.

"En todo caso, de lo expuesto en este apartado, subyace una idea principal que es la de cierta diplomacia, llamémosle "Socrática"; puesto que, en base a una planificación previa que debemos realizar , para tener seguridad en nosotros mismos y en el equipo desde el comienzo, facilitaremos a los responsables de la empresa el que ellos mismos lleguen a concretar sus objetivos, lo que redundará en un buen clima de entendimiento que te será muy útil durante todo el proceso a llevar a cabo".

TE PIDO UN FAVOR

Quisiera pedirte un favor, para que me ayudes a que este libro llegue a más personas, y es que lo valores con tu opinión sincera en la plataforma donde lo hayas adquirido.

Me gustaría contar con tu colaboración para promocionar el libro y, de este modo, poder financiar el tiempo que dedique a investigar y elaborar el material que dé lugar a la edición de nuevos libros en el futuro, siendo esta la principal razón por la que solicito tu ayuda.

Muchas gracias, y recibe un cordial saludo.

José Luis.